DIE KLEIN
HUMME
BOMME

FEIERT OSTERN

BRITTA SABBAG MAITE KELLY JOËLLE TOURLONIAS

CARLSEN

Endlich ist es so weit: Das große Osterfest steht vor der Tür. Die kleine Hummel Bommel ist schon ganz aufgeregt und hüpft freudig um den festlich geschmückten Tisch herum! Mama Hummel hat einen riesigen Honigzopf gebacken und Marie Marienkäfer hat einen köstlichen Honigbraten gezaubert. »Der ist mir dieses Jahr besonders gut gelungen«, lobt sie sich zufrieden und gießt einen letzten Schuss Honigsoße über den Braten.

Beate Biene hat Honigsuppe mitgebracht. Überall duftet es herrlich nach Honig. »Mmmmmh!«

Bommel und die anderen Insektenkinder können es kaum erwarten.
»Wann geht es endlich los?«, fragt Bommel ungeduldig.
»Eiersuchen, Eiersuchen!«, quietscht Fina Floh.

»Geduld, Geduld!« Gisela Grille verteilt ihre mit Liebe geschmückten Körbchen an alle Insektenkinder. »Eins nach dem anderen.«
»Warum ist mein Korb immer so klein?«, stänkert Walpurga Wespe.
»Eure Körbchen sind doch alle gleich groß«, beruhigt sie Gisela Grille.
»Also, ich freu mich auf die Schokoeier!«, jubelt Ricardo.
»Oh ja, oh ja, Schokolade, Schokolade!«, ruft Fina Floh und hüpft begeistert im Kreis um Bommel und die anderen herum.

»Wo die Eier wohl alle versteckt sind?«,
fragt sich Bommel.
Da schaut Papa Hummel schon um die Ecke.
»Seid ihr bereit? Gleich kann es losgehen!«

Pastor Fliege läutet die Osterglocke und alle Insektenkinder stellen sich an der Flohsamenstartlinie auf. Jeder will die schönsten Eier finden. Bino Biene und Walpurga Wespe stecken die Köpfe zusammen und tuscheln. »Ich hab eine Idee!«, flüstert Bino wichtig und Walpurga grinst diebisch. »Aber psssst!«
»Nicht so quetschen!«, beschwert sich Mabel Marienkäfer.
»Gleich geht’s los!«, ruft Pastor Fliege und feuert – »Poooong!« – die Pusteblumenkanone ab. Sofort laufen alle los und es gibt ein wildes Durcheinander.

»Komm, wir suchen zuerst im großen Löwenzahnwald!«, ruft Ricardo Bommel und Fina Floh zu.

Und siehe da! Unter einem großen Löwenzahnblatt liegen tatsächlich ein paar bunte Eier! Ein Ei ist sogar soooo groß, dass Fina Floh es fast gar nicht tragen kann.

»Uff!« Bommel und Ricardo helfen ihr.

»Ist das schwer!«, stöhnen sie.

In den neunhundertachtundneunzig Schuhen von Tante Trudiella Tausendfüßler stecken bestimmt noch ein paar Eier!
»Juhuuuu!«, freut sich Bommel. »Da sind tatsächlich welche!«
Trudiella Tausendfüßler lugt, auf ein Kissen gestützt, aus ihrem Küchenfenster und schmunzelt.
»Ui! Bald sind alle Körbchen voll!«, freut sich Ricardo.
»Ich hab das größte Ei, das größte Ei!«, jauchzt Fina Floh.

Und jetzt ab zur Gänseblümchenwiese!

Auf der Gänseblümchenwiese tummeln sich die beiden Marienkäferkinder Mabel und Malou.
»Hier!«, ruft Mabel.
»Da!«, ruft Malou und steckt ein kleines gelbes Ei in ihr Körbchen.
»Jetzt!«, brüllt Bino Biene plötzlich Walpurga zu und sie stürzen sich auf das Körbchen des kleinsten Marienkäferkindes.
Schwups!, haben sie alle Eier geklaut und das Körbchen ist leer!
Arme Malou!
»Das ist gemein!«, beschwert sie sich.
»Halt!«, ruft Bommel. »Stopp!«
Doch mit einem lauten »Brumm-brumm-brumm!« brausen Bino und Walpurga schon davon.

Walpurga Wespe und Bino Biene türmen einen Riesenberg Eier hinter dem Komposthaufen auf.
»Hier findet sie niemand!«, flüstern sie schadenfroh.

Malou Marienkäfer sitzt traurig vor ihrem leeren Körbchen.
»Heute ist mein Pechtag! Ich habe kein einziges Ei!«, schluchzt sie.
Bommel und die anderen trösten sie.

»Du kannst mein Ei haben!«, muntert Fina Floh sie auf.
»Oooooohhh!«, antwortet Malou.
»Aber dann hast du gar keins!«

Bommel zwinkert den anderen zuversichtlich zu und sie beginnen zu flüstern.

Was sie wohl aushecken?

»Los, los!«, ruft Marie Marienkäfer. »Jetzt wird richtig geschmaust. Kommt alle an den Tisch!«

»Moment!«, ruft Bommel.
»Wir sind noch nicht fertig!«

Die kleine Hummel Bommel und ihre Freunde haben alle ihre Eier zusammengelegt und damit einen wunderschönen Ostertisch gezaubert!

»Das habt ihr aber schön gemacht!«, freut sich Mama Hummel.

Bino Biene und Walpurga Wespe schauen betreten auf den Boden – auf einmal brausen sie ohne Worte davon.

»Einen hummeligen Appetit!«, wünscht Papa Hummel und alle nehmen sich an den Händen.

»Domdomdomdom!«, rollt eine riesige Schubkarre voller bunter Eier heran.
Bino Biene und Walpurga Wespe schieben sie bis an den Tisch.
»Wir legen unsere Eier auch dazu!«
»Genau«, sagt Walpurga, »wir wollen nämlich auch teilen!«
»Ja, ja! Teilen, teilen!«, ruft Fina Floh.

Alle müssen nun laut lachen und greifen herzhaft zu. Bommel schaut glücklich in die Runde und seufzt: »Geteilt schmeckt es am besten!«

Ja, kleine Hummel, geteilt schmeckt wirklich alles besser!

Hummelige Ostern allerseits!

Mama Hummels Oster-Honigzopf

750 g Mehl
130 g Honig
1 1/2 Packungen Hefe
375 ml Milch (lauwarm)
100 g Butter
1/2 Teelöffel Salz
2 Eier

Milch zum Bestreichen

Zubereitung:
Für den Hefeteig das Mehl in eine Schüssel sieben und die Hefe in 3–4 EL lauwarmer Milch und 1 TL Honig auflösen. Die aufgelöste Hefe in eine kleine Vertiefung im Mehl geben. Die Hefe mit einem Teelöffel mit etwas Mehl andicken. Mit einem Küchenhandtuch abgedeckt ca. 15 Minuten gehen lassen.
Die aufgegangene Hefe mit Mehl bedecken. Jetzt die übrigen Zutaten dazugeben. Auf höchster Stufe mit dem Rührgerät ca. 5 Minuten durchkneten, bis ein geschmeidiger Teig entstanden ist. Nun den Teig wieder mit einem Küchenhandtuch abdecken und so lange gehen lassen, bis sich der Teig ungefähr verdoppelt hat (ca. 45 Minuten).
Den Teig auf die Arbeitsplatte geben und kurz durchkneten. Mehl zum Kneten bei Bedarf hinzugeben. Einen runden Zopf flechten (damit in die Mitte des Kreises später die Ostereier passen) und mit lauwarmer Milch bestreichen.
35–40 Minuten bei 180 Grad (Heißluft) backen.

Hummeligen Appetit!